SEKUNDARSTUFE I+II

La Provence

Lernjahre 3 – 5

Nathalie Bláha

Cornelsen

Autorin:
Dr. Nathalie Bláha studierte Neuere Deutsche Literatur, Linguistik, Romanistik sowie Empirische Kulturwissenschaft an der Eberhard-Karls-Universität Tübingen. Darüber hinaus absolvierte sie in Frankreich an der Universität von Aix-en-Provence eine Ausbildung zur Deutschlehrerin (Deutsch als Fremdsprache). Sie verfügt über langjährige Erfahrung als Autorin von Lehrwerken, Übersetzerin, Dolmetscherin und Lehrerin (Deutsch und Französisch).

Alle aufgeführten Systeme und Tools stellen nur Beispiele für die Unterrichtsgestaltung dar. Bitte stimmen Sie sich mit Ihrer Schulleitung dazu ab, welche Systeme oder Tools an Ihrer Schule im Rahmen der Unterrichtsgestaltung genutzt werden dürfen.

Projektleitung: Jeffrey Mason, Berlin
Redaktion: Dr. Stephanie Kramer, Münster
Umschlaggestaltung: Corinna Babylon, Berlin
Layout: Ludger Stallmeister, Wuppertal
Umschlagabbildungen: Zikade: Shutterstock/Alexander_P; Dorf und Landschaft: stock.adobe.combioraven;
Lavendel: Shutterstock/Evgeniya Sheydt
Technische Umsetzung: Compuscript Ireland and Chennai

www.cornelsen.de

1. Auflage 2024

Druck: H. Heenemann, Berlin

ISBN 978-3-589-16945-0

PEFC zertifiziert
Dieses Produkt stammt aus nachhaltig bewirtschafteten Wäldern und kontrollierten Quellen.
www.pefc.de

Inhalt

Vorwort

Mit dem vorliegenden Themenheft *La Provence* begeben sich die Lernenden auf eine kleine Reise nach Südfrankreich. Bei der Beschäftigung mit historisch bedeutsamen Orten, charakteristischen Bräuchen und Traditionen werden sie vieles über diese beliebte Region in Erfahrung bringen. Das Heft eignet sich für den Französischunterricht in den Lernjahren 3 bis 5.

Die 20 Kopiervorlagen sind in fünf Themenbereiche unterteilt:

- *La région PACA – géographie d'une région*
- *Les grandes villes de Provence*
- *Les spécialités provençales*
- *Le tourisme*
- *Traditions et festivités*

Die Materialien sind als Ergänzung des Unterrichts gedacht und ermöglichen Lernenden, ihren Wortschatz passend zu ausgewählten Themen zu wiederholen und zu erweitern. In geeigneten kompetenzorientierten Aufgaben soll die Entwicklung ihrer Lese-, Schreib-, und Sprechfähigkeiten wie auch der Mediationsfähigkeiten und -fertigkeiten gefördert werden. Das Symbol ⊕ weist darauf hin, dass die zur Wahl stehenden Aufgaben die Möglichkeit bieten, den Lernstoff noch weiter zu vertiefen.

Einen besonderen Anreiz bieten dabei motivierende Challenges, Quiz- und Rechercheaufgaben, mit denen die Lernenden ihre Sprachkenntnisse spielerisch verbessern können. So können sie praxisnah ihre kulturelle Kompetenz fördern.

In der Übersichtstabelle finden Sie Vorschläge, ab welchem Lernjahr die jeweiligen Kopiervorlagen eingesetzt werden können. Sämtliche Kopiervorlagen sind für das 5. Lernjahr geeignet; je nach Klassenniveau bzw. individuellen Sprachkenntnissen können sie aber auch bereits in den Lernjahren 3 und 4 zur individuellen Förderung herangezogen werden.

Die Icons an den Materialien und vor der jeweiligen Aufgabe zeigen auf, welche Kompetenz(en) jeweils im Mittelpunkt steht/stehen. Eine Übersicht finden Sie auf den folgenden Seiten.

Viel Freude und Erfolg bei der Arbeit mit den Materialien!

Nathalie Bláha

Übersicht und Hinweise

	Lernjahr	Lesen	Schreiben	Sprechen/ Präsentieren	Sprach-mittlung	Wort-schatz	Kultur	Medien-kompetenz	Challenge	EA	PA/GA
I. PACA – géographie d'une région											
KV 1 : À quoi pensez-vous quand vous entendez le mot « Provence » ?	3. -5.			X		X	X	X		X	X
KV 2 : La région Provence-Alpes-Côte d'Azur	3. -5.						X	X		X	
KV 3 : Départements et grandes villes de Provence	4. -5.		X	X			X	X		X	X
KV 4 : Quand je pense à la Provence…	3. -5.		X	X		X	X	X		X	X
II. Les grandes villes de Provence											
KV 5 : Quelques bâtiments historiques	4. -5.	X	X	X			X	X		X	X
KV 6 : Les préfectures	4. -5.	X	X	X	X		X	X		X	X
KV 7 : Monaco	4. -5.			X	X		X	X		X	X
KV 8 : Monaco – une cité-État en Provence	4. -5.	X		X			X			X	X
KV 9 : Quiz	4. -5.					X	X		X	X	X
III. Les spécialités provençales											
KV 10 : La cuisine provençale	4. -5.	X	X	X			X	X		X	X
KV 11 : Les spécialités sucrées	3. -5.		X	X			X	X		X	X
KV 12 : Autres spécialités provençales	3. -5.	X		X			X	X		X	X

	Lernjahr	Lesen	Schreiben	Sprechen/ Präsentieren	Sprach- mittlung	Wort- schatz	Kultur	Medien- kompetenz	Challenge	EA	PA/GA
IV. Le tourisme											
KV 13 : La Côte d'Azur	3. -5.		X	X		X	X	X		X	X
KV 14 : Qu'est-ce qu'on peut faire sur la Côte d'Azur ?	4. -5.		X	X			X	X		X	X
KV 15 : Le Luberon	4. -5.		X	X		X	X	X	X	X	X
KV 16 : La Camargue	4. -5.		X	X			X	X		X	X
KV 17 : L'écotourisme	4. -5.		X	X			X	X		X	X
V. Traditions et festivités											
KV 18 : Noël en Provence	4. -5.	X		X			X			X	X
KV 19 : Les festivités et les festivals	4. -5.	X	X	X	X		X			X	X
KV 20 : Quiz	4. -5.					X	X		X	X	X

KV 1 À quoi pensez-vous quand vous entendez le mot « Provence » ?

1. Vous savez sûrement que la France est divisée en plusieurs régions. La Provence est une des régions les plus connues et les plus visitées de France. Mais que savez-vous de cette région ? À quoi pensez-vous quand vous entendez le mot « Provence » ?
Tout d'abord, chacun cherche les mots qu'il/elle associe à la Provence et complète son associogramme. Ensuite, travaillez à deux. Échangez vos idées, classez-les et complétez vos associogrammes. Vous pouvez écrire des noms, des verbes, des adjectifs ou des expressions.

   Voici quelques idées pour vous aider.

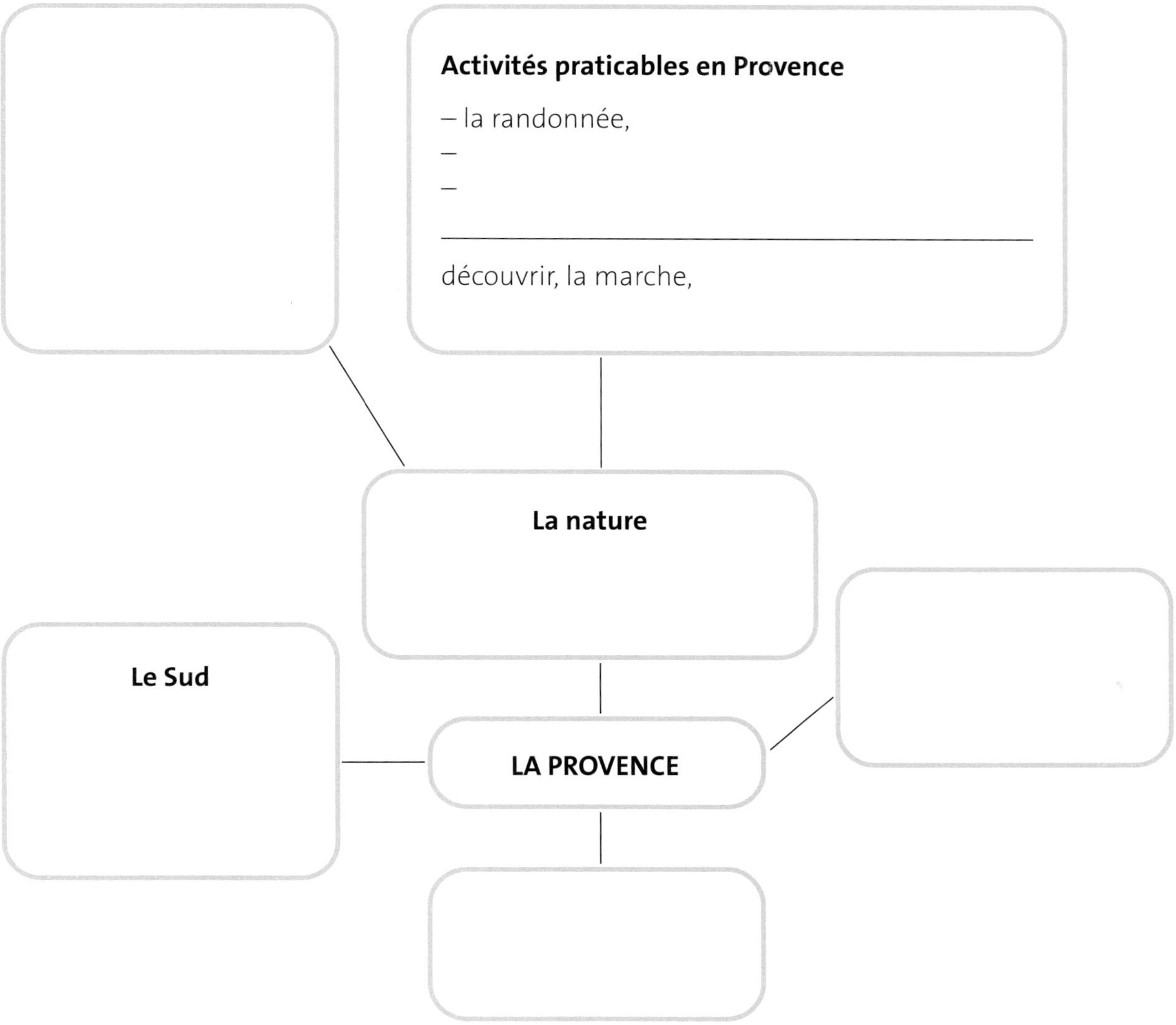

Activités praticables en Provence

– la randonnée,
–
–

découvrir, la marche,

La nature

Le Sud

LA PROVENCE

2. Vous avez certainement trouvé quelques idées : des noms de villes, des spécialités diverses qu'on associe au mot « Provence ». Choisissez un sujet de votre associogramme et faites des recherches. Notez des mots clés pour présenter vos résultats à l'oral devant la classe. Vous pouvez également faire une présentation numérique.

Autorin: Nathalie Bláha, «La Provence», Lernjahre 3–5

KV 2 La région Provence-Alpes-Côte d'Azur

Voici les six départements qui composent la Provence. Découpe-les et reconstitue la région qui porte le nom de Provence-Alpes-Côte d'Azur (PACA). Fais des recherches sur Internet ou sur une carte de la Provence. Chaque département a sa « capitale », on appelle cette ville une préfecture. Marque d'un point rouge chaque préfecture au bon endroit sur ta carte et écris son nom.

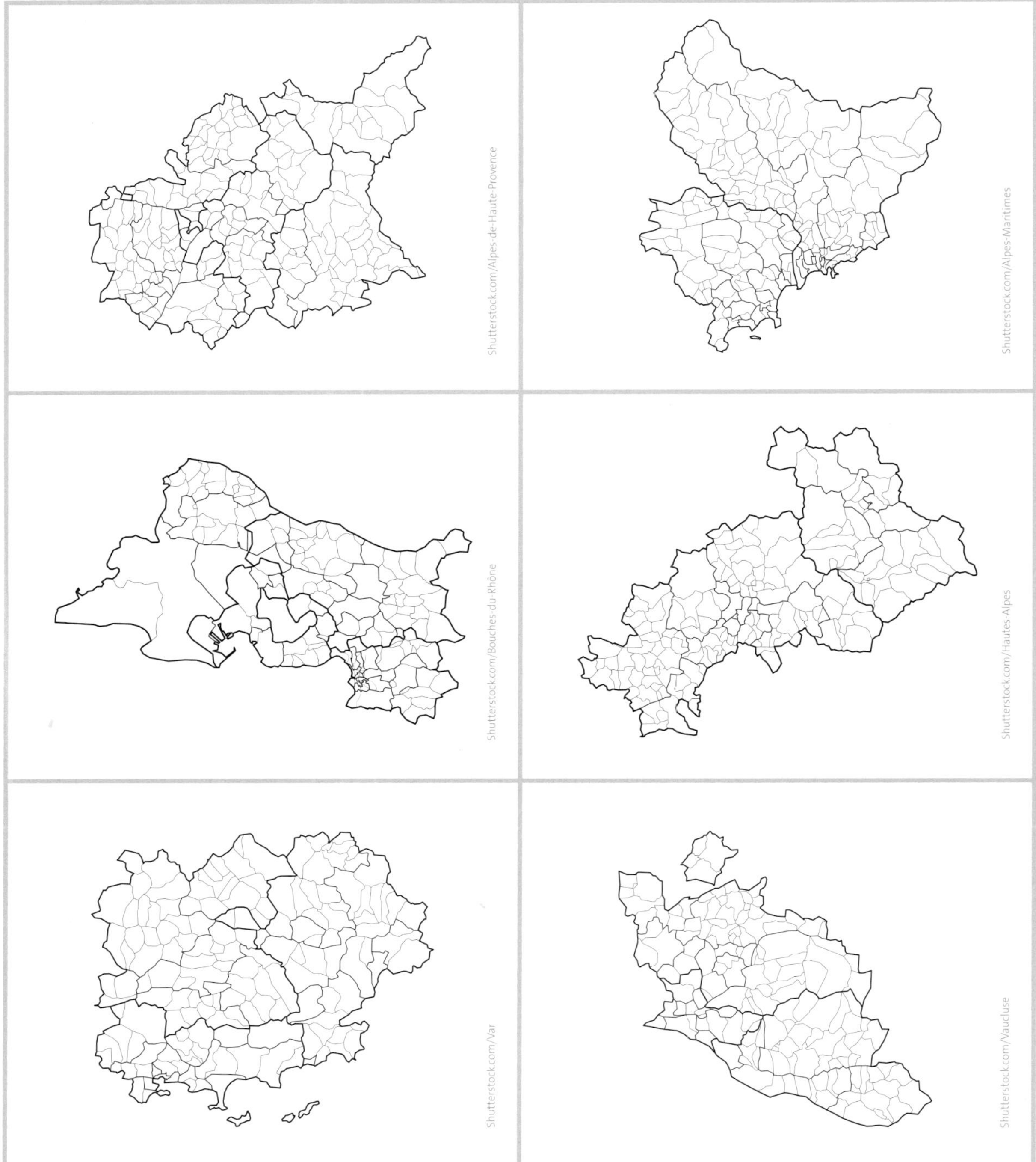

Autorin: Nathalie Bláha, «La Provence», Lernjahre 3–5

KV 3 Départements et grandes villes de Provence

1. Regarde la carte de la région Provence-Alpes-Côte d'Azur et complète-la. Écris le numéro de chaque département dans le cercle au bon endroit et le nom des villes à côté du point qui leur correspond.

Départements : Alpes-de-Haute-Provence (04) – Hautes-Alpes (05) – Alpes-Maritimes (06) – Bouches-du-Rhône (13) – Var (83) – Vaucluse (84).

Villes : Arles – Avignon – Briançon – Cassis – Cannes – Digne-les-Bains – Draguignan – Gap – Istres – Manosque – Marseille – Monaco – Nice – Orange – Salon-de-Provence – Saint-Tropez – Toulon

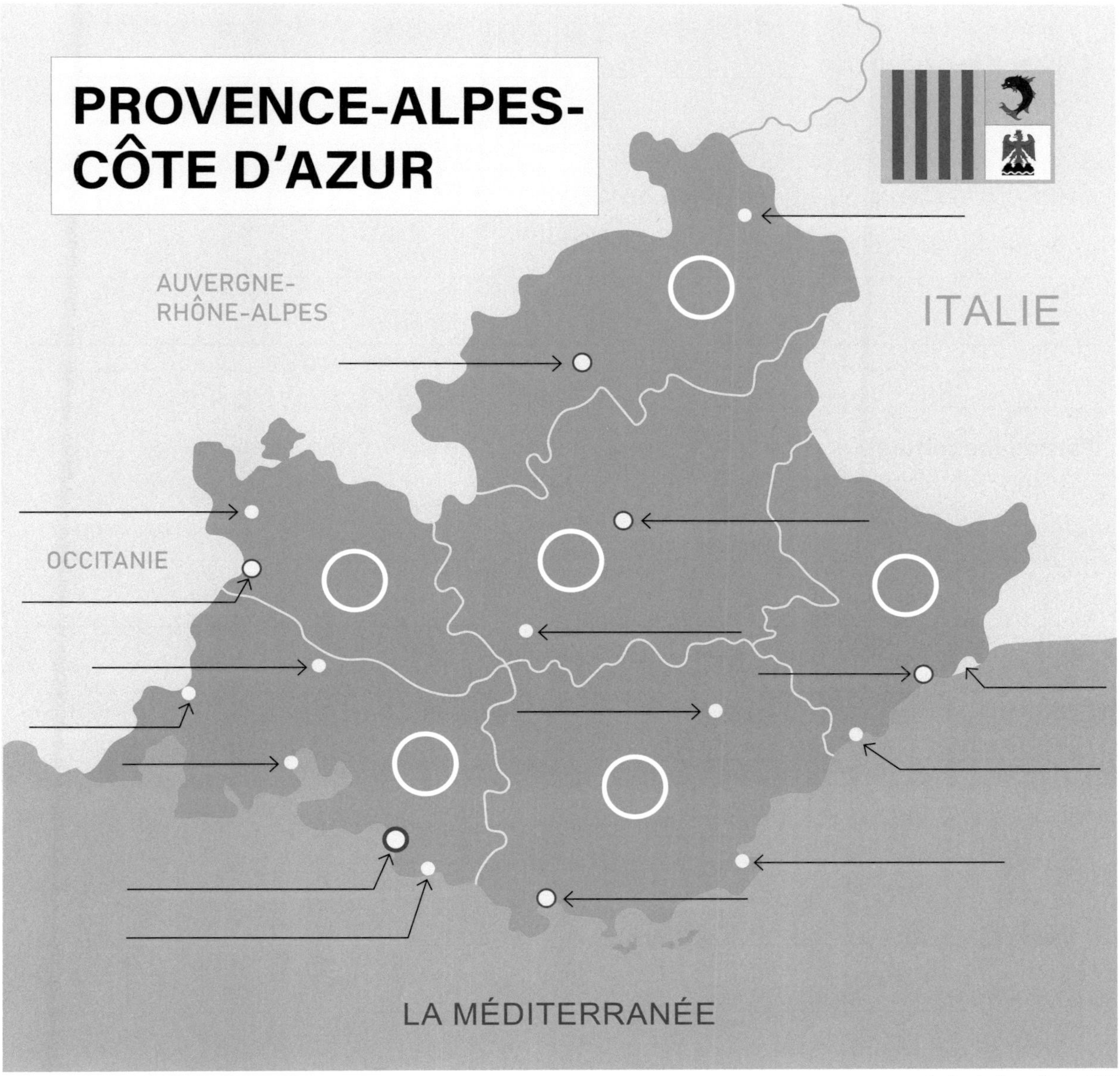

PROVENCE-ALPES-CÔTE D'AZUR

AUVERGNE-RHÔNE-ALPES

ITALIE

OCCITANIE

LA MÉDITERRANÉE

Shutterstock.com/Radzas2008

Autorin: Nathalie Bláha, «La Provence», Lernjahre 3–5

2. Choisis une ville ou un des départements de la carte et fais des recherches sur Internet. Réalise une fiche explicative et présente cette ville ou ce département à ton/ta partenaire ou à ton groupe. Tu peux également faire un poster ou une présentation numérique.

Fiche de présentation

____

Nom de la ville ou du département

Blason

Situation géographique : ______________________________

Nombre d'habitants : ______________________________

Bâtiments ou lieux touristiques à voir ou visiter : ______________________________

____

____

Patrimoine culturel : quelles sont les spécialités de cette ville/ce département ? Quelle(s) fête(s) et/ou quel(s) évènement(s) y ont lieu ?

- ______________ • ______________
- ______________ • ______________
- ______________ • ______________
- ______________ • ______________

Pour quelle(s) raison(s) est-ce-que ce département/cette ville est connu(e) ?

- ______________ • ______________
- ______________ • ______________
- ______________ • ______________
- ______________ • ______________

Autorin: Nathalie Bláha, «La Provence», Lernjahre 3–5

Choisis un bâtiment historique de cette ville/ce département et cherche des informations générales sur celui-ci : date de construction, histoire... Comment était-il utilisé autrefois et comment aujourd'hui ?

Pour quelle(s) raison(s) as-tu choisi cette ville/ce département ? Est-ce que tu la/le connaissais déjà ? Est-ce que tu aimerais la/le (re)visiter ? Pourquoi ?

3. Vous jouez en groupe de 3 ou 4. Chacun écrit quatre questions concernant la ville ou le département qu'il/elle a présenté(e) sur quatre petits papiers. Vous mélangez ensuite vos papiers. Chacun en tire un et essaie de répondre à la question. Si la personne ne peut pas y répondre, les autres joueurs l'aident. Si vous tirez une question que vous avez posée, remettez le papier et tirez-en un nouveau.

KV 4 Quand je pense à la Provence…

1. Découvre les 14 mots qui se cachent derrière chaque devinette et retrouve-les dans la grille.

horizontalement/*waagerecht*

a) Spécialité de la ville de Marseille, il s'agit d'une soupe de poisson.

b) Ville du Vaucluse connue pour son palais des Papes et son pont.

c) Spécialité de la ville de Grasse, je sens très bon. Il s'agit du même mot en allemand.

d) Préfecture des Alpes-Maritimes, je suis célèbre pour ma « promenade des Anglais ».

e) Spécialité de la ville de Marseille, on m'utilise pour se laver.

f) On m'utilise beaucoup dans la cuisine provençale. Je suis fabriquée avec des olives.

g) Préfecture du Var, cette ville possède le plus grand port militaire français.

h) Plat typique de légumes, je suis aussi le titre d'un dessin animé avec des rats.

verticalement/*senkrecht*

1. Ville de la Côte d'Azur où a lieu chaque année un festival international du cinéma.
2. Ce sont les fruits avec lesquels on fabrique l'huile typique de Provence.
3. Fleur symbole de la Provence, je suis violette et fais partie des paysages de Provence.
4. Je suis une boisson alcoolisée qui se fabrique avec du raisin.
5. Préfecture des Bouches-du-Rhône, je suis la ville qui a donné son nom à l'hymne national français.
6. Je suis une sucrerie à base d'amandes. En allemand, le même mot désigne une sucrerie au chocolat.

G	B	O	U	I	L	L	A	B	A	I	S	S	E	L	V	A
C	A	L	U	T	A	R	E	U	E	R	E	I	B	C	I	P
A	Z	I	R	A	V	I	G	N	O	N	F	M	I	E	C	V
N	I	V	D	B	A	P	C	I	T	R	P	A	R	F	U	M
N	J	E	M	Z	N	I	C	E	R	T	I	R	U	U	S	K
E	S	S	T	O	D	E	R	R	O	T	P	S	A	V	O	N
S	A	O	I	C	E	M	C	V	I	B	O	E	N	E	S	O
A	B	Y	N	U	I	T	F	I	S	H	U	I	L	E	T	U
T	O	U	L	O	N	A	V	N	D	E	M	L	U	P	A	G
O	E	P	U	L	L	M	R	S	N	R	E	L	E	R	T	A
I	R	R	A	T	A	T	O	U	I	L	L	E	B	D	O	T

Autorin: Nathalie Bláha, «La Provence», Lernjahre 3–5

2. Inscris les mots que tu as trouvés dans la bonne rubrique. Écris les noms communs avec **l'article défini**.

Spécialités culinaires	Produits alimentaires	Produits non-alimentaires	Villes provençales

3. Vous travaillez à deux ou trois. Lisez les trois propositions d'exercices et choisissez sur quel sujet vous préférez faire des recherches. Ensuite, présentez vos résultats.

⊕ Au choix

- Parmi ces spécialités provençales est-ce qu'il y en a une que vous connaissez ou que vous aimeriez mieux connaître ? Choisissez-en une et renseignez-vous sur sa fabrication, son lieu de production, etc. Écrivez un texte dans lequel vous présentez ce produit ou créez un prospectus.
- Choisissez un des mots cachés de la grille et faites des recherches sur Internet. Organisez vos résultats et écrivez une entrée de blog ou un article pour un magazine.
- Vous aimeriez bien visiter une des villes de la grille avec votre classe de français ? Faites des recherches sur Internet : Où se situe cette ville ? Pour quelle(s) raison(s) est-elle connue ? Est-ce qu'elle est liée à une spécialité (culinaire, agricole...) provençale ? Quels sont les bâtiments ou monuments qu'on peut y visiter ? Organisez une excursion et notez les informations importantes pour passer un bon séjour.

4. Vous travaillez à deux, trois ou quatre. La cigale est un des symboles du Midi, autre mot utilisé pour parler du sud de la France. Faites des recherches sur cet insecte typique qui chante tout l'été en Provence.

KV 5 Quelques bâtiments historiques

1. Lis les textes suivants et retrouve l'image qui correspond. Chaque image porte une lettre. Inscris les lettres dans le bon ordre et tu découvriras un mot en provençal. Il s'agit d'un insecte typique du sud de la France.

1) Je suis la cité antique *Glanum* qui était très connue et aimée à l'époque du premier empereur romain Auguste. Mais j'ai été construite pour un dieu gaulois par les Celtes bien avant l'arrivée des Romains en Provence. Si tu veux visiter les ruines, il faut aller à Saint-Rémy-de-Provence dans les Bouches-du-Rhône.	**C)**  Shutterstock.com/Saiko3p
2) Ce monastère est très vieux, il a été construit en 1148. Il est situé dans le département du Vaucluse. Des moines y vivent encore, mais ils ne sont plus nombreux. C'est un très beau bâtiment qu'on peut visiter. On peut également y écouter la messe ou y séjourner quelques jours. Devant l'abbaye de Sénanque, il y a des champs de lavande.	**G)**  Shutterstock.com/cynoclub
3) Moi, j'ai beaucoup de chance, car les gens me connaissent bien et les enfants chantent même une jolie chanson qui parle de moi. Je suis situé dans une ville du Vaucluse au-dessus du Rhône. Je suis le pont Saint-Bénezet. Tout le monde m'appelle le pont d'Avignon.	**L)**  Shutterstock.com/Leonid Andronov
4) Je suis une grande église du XIXe siècle. Je suis tout en haut d'une colline et je vois ma belle ville de Marseille. Je suis très importante pour cette ville. Je suis comme la tour Eiffel pour Paris. De là-haut, je veille sur les Marseillais (cela veut dire que je fais attention à ceux-ci), qui m'appellent la « Bonne Mère ». Je suis la basilique Notre-Dame de la Garde.	**A)**  Shutterstock.com/sebastien hovaguimian
5) Le château d'If est connu parce que c'était une prison pendant près de 400 ans. Il est situé sur une île devant la ville de Marseille. Peut-être connais-tu le prisonnier le plus célèbre de son histoire ? Il s'agit du Comte de Monte-Cristo qui est le héros d'un livre d'Alexandre Dumas.	**L)**  Shutterstock.com/Oliverouge 3

Autorin: Nathalie Bláha, «La Provence», Lernjahre 3–5

6) Si tu viens à Orange, tu verras le grand théâtre antique romain. Il a été construit au Ier siècle avant J.-C. Dans cet amphithéâtre encore très bien conservé, on peut encore assister à beaucoup de spectacles et concerts. Au-dessus de la scène, il y a une grande statue de 3,50 m de haut qui regarde le public.	**O)**  Shutterstock.com/BearFotos
7) Ce bâtiment n'est peut-être pas aussi impressionnant que les autres, mais il a joué un rôle important en Provence. Le « Moulin du Bonheur », situé sur l'île de Porquerolles, est un moulin à vent provençal typique qui date du XVIIIe siècle. Autrefois, les moulins étaient utilisés pour faire de la farine en Provence.	**O)**  Shutterstock.com/Boris Stroujko
8) Je suis un bâtiment historique inscrit au patrimoine mondial de l'Unesco. Je suis un grand palais datant du Moyen Âge avec un grand mur d'enceinte et des petites tours au-dessus de la grande porte. Je ressemble à un grand château – je suis le palais des Papes d'Avignon.	**U)**  Shutterstock.com/Sergey Dzyuba
9) Je suis un château fort médiéval du XVe siècle construit sur les bords du Rhône. J'ai des belles tours et une belle muraille. J'ai très longtemps servi de prison – je suis le château de Tarascon.	**U)**  Shutterstock.com/Pecold
10) La cathédrale Saint-Sauveur se trouve à Aix-en-Provence, ville historique de Provence. Elle est grande et située sur une belle place. Elle a connu de nombreux changements architecturaux tout au long des siècles. Elle possède de très belles portes sculptées. À gauche de la porte s'élève une grande tour.	**N)**  Shutterstock.com/SCStock
11) Nous datons du premier siècle après J.-C. Nous étions très importantes pour les Romains en Gaule. Nous sommes des arènes dans lesquelles les gens venaient voir des combats ou des spectacles. Nous sommes classées au patrimoine mondial de l'Unesco. Nous sommes situées dans la ville d'Arles et connues sous le nom d'Arènes ou Amphithéâtre d'Arles.	**I)**  Shutterstock.com/JR Fotografie

Solution : __ __ __   __ __ __ __ __ __ __ __

Autorin: Nathalie Bláha, «La Provence», Lernjahre 3–5

2. Tu viens d'apprendre ton premier mot de provençal ! Il est très proche du mot français. Tu as deviné sa signification ? Traduis-le en français puis en allemand.

français : ______________________ allemand : ______________________

Est-ce que tu sais de quoi il s'agit ? Pourquoi est-ce qu'on associe ce mot à la Provence ?

____

3. Réponds aux questions suivantes. Tu trouves toutes les réponses dans les petits textes.

a) Dans quel bâtiment historique de Provence a vécu le héros d'un roman d'Alexandre Dumas ?

____

b) Comment s'appelle le héros du livre d'Alexandre Dumas ?

____

c) Quel est le nom officiel du pont d'Avignon ? ______________________

d) Dans quelle ville se trouve la cité antique romaine ? ______________________

e) Dans quelles villes de Provence peut-on visiter des sites de l'époque romaine ?

____

f) Comment s'appelle l'église qui surplombe la ville de Marseille ?

____

Quel nom lui donnent les Marseillais ? ______________________

g) Quels sont les bâtiments connus de la ville d'Avignon ?

____

h) À quoi servait le « Moulin du Bonheur » ? ______________________

i) Quel fleuve coule à côté du château de Tarascon ? ______________________

4. Parmi ces endroits, quel est celui que tu aimerais visiter ? Quelle époque de l'histoire te plairait ? Choisis un des bâtiments historiques de l'exercice 1. Fais des recherches sur Internet et complète tes connaissances. À quelle époque est-ce que ce bâtiment a été construit ? À quoi servait-il autrefois ? Comment est-il utilisé aujourd'hui ? Écris un texte dans lequel tu le présentes.
Ensuite, discute avec ton/ta partenaire. Voulez-vous tous les deux vivre à la même époque ? Préférez-vous le passé ou le présent ? Justifiez votre choix et échangez vos idées.

Autorin: Nathalie Bláha, «La Provence», Lernjahre 3–5

KV 6 Les préfectures

1. La préfecture d'un département est un peu comme sa capitale. Il s'agit de la ville du département la plus importante au niveau administratif. Le chef-lieu d'une région est la « capitale » de toute la région. Voici les six préfectures de la région Provence-Alpes-Côte d'Azur. Lis les textes et réponds aux questions. Il te manque des mots ? Cherche-les sur Internet ou dans un dictionnaire.

 Shutterstock.com/prosign **Avignon**	La ville d'Avignon est célèbre pour ses bâtiments historiques. C'est la préfecture du Vaucluse et elle est classée patrimoine mondial de l'Unesco. Ses remparts datant du Moyen Âge sont, tout comme le palais des Papes et le pont Saint-Bénezet, des attractions touristiques. La Cité des Papes – autre nom donné à la ville – n'est pas située au bord de la mer, mais au bord du Rhône. Avignon n'est pas seulement connue pour son architecture. Cette ville est également célèbre pour ses manifestations culturelles et ses festivités. Le festival d'Avignon a lieu chaque année au mois de juillet. La Cité des Papes se transforme alors en ville-théâtre. Le festival de théâtre et de spectacle se déroule dans les rues et les jardins de la ville mais aussi dans les salles de théâtre.
 Shutterstock.com/Bruno M Photographie **Digne-les-Bains**	Digne-les-Bains est située au bord des Préalpes du Sud. C'est la préfecture des Alpes-de-Haute-Provence. Cette ville est à 600 mètres d'altitude. Il y coule trois rivières (la Bléone, le Mardaric et les Eaux-Chaudes). Digne est une ville thermale – d'où son nom « les Bains ». Les gens y viennent pour faire traiter leurs rhumatismes ou leurs problèmes respiratoires. Dans cette ville, peu touristique pour la région, on peut admirer la Dalle à ammonites. Il s'agit d'un site naturel qui contient beaucoup d'ammonites fossilisées et qui date de 200 millions d'années. Chaque année, le premier week-end du mois d'août, Digne-les-Bains organise une fête de la lavande. Cette fleur, symbole de la Provence, peut alors être admirée lors du Corso de la lavande – défilé de chars décorés de fleurs de lavande.
 Shutterstock.com/François Roux **Gap**	Gap est la préfecture des Hautes-Alpes. Comme le nom du département l'indique, cette ville est située dans une région montagneuse. Il y fait donc chaud en été mais froid en hiver. Il est donc possible de faire du ski dans la région de Gap en hiver – du ski en Provence ! Il reste aussi des traces de l'histoire dans la région de Gap. On peut encore y voir des restes d'un dolmen mais aussi des traces de la période romaine. Gap est une ville avec des forêts et des terres réservées à l'agriculture.

 Shutterstock.com/Boris Stroujko **Marseille**	Marseille est la deuxième ville de France, le chef-lieu de la région PACA et la préfecture des Bouches-du-Rhône. Elle fait partie des plus vieilles villes de France et son port, qui est le premier port français, joue un rôle important pour le commerce depuis l'Antiquité. Cette ville a donné son nom à l'hymne national de la France : La Marseillaise. C'est une ville multiculturelle avec de grandes universités. Marseille est également célèbre pour sa savonnerie – le savon de Marseille. Dans cette ville historique, on peut visiter des sites préhistoriques, la basilique la « Bonne Mère » ou encore l'avenue commerçante « la Canebière ». Sur son Vieux-Port, on peut déguster la bouillabaisse (soupe de poisson), spécialité culinaire de la ville. La région de Marseille est également connue pour ses calanques très appréciées des personnes qui pratiquent l'escalade. À Marseille, on peut visiter le stade Vélodrome et peut être y voir s'entraîner l'équipe de foot « Olympique de Marseille ».
 Shutterstock.com/FloridaStock **Nice**	Nice est une grande ville de la Côte d'Azur. C'est la préfecture des Alpes-Maritimes et la deuxième ville de la région PACA. Elle est située sur les bords de la mer Méditerranée et est proche de la frontière italienne. Ville culturelle, elle vit du tourisme mais aussi du commerce et est inscrite au patrimoine mondial de l'Unesco. C'est dans cette ville que l'on peut se balader sur la célèbre promenade des Anglais. On peut y visiter un site préhistorique – la grotte du Lazaret – et une collection de palmiers dans le jardin botanique. Les festivités ont principalement lieu en été, mais Nice est aussi très connue pour son très beau carnaval et ses batailles de fleurs. À Nice, on peut déguster des spécialités connues comme la salade niçoise, la socca, les beignets de fleurs de courgette et bien d'autres choses.
 Shutterstock.com/VaLe1605 **Toulon**	C'est à Toulon que se trouve le plus grand port militaire de France. Toulon est connue pour son port, car il s'y trouve la plus grande base navale de France, mais il y a également un port civil. Préfecture du Var, cette ville est aussi connue pour son marché provençal, son téléphérique et ses chemins de randonnée en bord de mer. C'est à Toulon que se trouvait le bagne où étaient détenus les galériens au XVIIIe et XIXe siècle. Le plus célèbre prisonnier de ce bagne est sans aucun doute le personnage de Jean Valjean du livre de Victor Hugo intitulé *Les Misérables*. Au Zénith, grande salle de concert toulonnaise, ont lieu de nombreux concerts musicaux donnés par des musiciens français et de la scène internationale. Au stade Mayol, on peut voir jouer le Rugby Club toulonnais qui a gagné plusieurs coupes d'Europe.

Autorin: Nathalie Bláha, «La Provence», Lernjahre 3–5

a) Quelle préfecture est située en bord de mer et proche de la frontière italienne ?

____

b) Quelle(s) préfecture(s) de Provence est/sont inscrite(s) au patrimoine mondial de l'Unesco ? ____

c) Quelles préfectures provençales sont situées au bord de la mer ?

____

d) Dans quelle ville se trouve le plus grand port militaire ? ______________________

e) Comment s'appelle l'avenue la plus connue de Nice ?

____

f) Dans quel département se trouve la préfecture qui organise une grande fête de la lavande ? Comment s'appelle cette ville ?

____

g) Dans quelle ville a vécu l'un des personnages d'un livre de Victor Hugo ? Quel est le titre de ce livre ?

____

____

2. Vous travaillez à deux ou trois. Choisissez une des préfectures et faites des recherches. Écrivez un texte et présentez vos résultats devant la classe ou un autre groupe. Vous avez plusieurs possibilités :

⊕ Au choix

- Vous aimeriez aller visiter cette ville avec votre classe de français. Créez un dépliant (*Flyer*) ou une entrée de blog sur la ville de votre choix. Présentez la ville, son histoire, ses attractions touristiques, etc. Que voulez-vous visiter et pourquoi ? Préparez une petite visite de la ville.
- Vous avez la possibilité d'interviewer le/la maire de la ville que vous avez choisie. Partagez-vous les tâches. Après votre travail de recherche, préparez des questions et des réponses à l'écrit. Il y a la/le journaliste qui pose les questions, l'un d'entre vous est le/la maire et la troisième personne est un(e) habitant(e) de la ville qui peut poser des questions au/à la maire de sa ville et/ou répondre aux questions du/de la journaliste sur la vie quotidienne dans la ville. Jouez la scène devant la classe ou un autre groupe.

Autorin: Nathalie Bláha, «La Provence», Lernjahre 3–5

3. Travaillez à deux. Partagez-vous la tâche, chacun prend trois villes. Imaginez que vous racontez à vos parents ce que vous avez appris sur les préfectures de la région PACA, car vous aimeriez bien y passer vos prochaines vacances et visiter ces villes. Comme ils ne parlent pas français, informez-les en allemand. Formulez des phrases complètes.
Ensuite, chacun présente ses trois villes à son/sa partenaire.

Avignon	
Digne-les-Bains	
Gap	
Marseille	
Nice	
Toulon	

KV 7 Monaco

1. Ton école propose un échange scolaire sur la Côte d'Azur auquel tu participes. Ton/ta correspondant(e) voudrait te montrer sa région et t'a demandé ce que tu aimerais faire. Tu as fait des recherches sur Internet et tu as lu le blog suivant qui présente la principauté de Monaco. Ça t'a donné envie d'y aller.
Écris un e-mail à ton/ta correspondant(e). En t'aidant des informations de l'article, explique-lui pourquoi tu aimerais aller à Monaco et ce que tu voudrais y visiter.

Globtrotter 2.1

Hallo Leute,

viele von euch haben auf die Urlaubsbilder in meiner Story reagiert und deswegen möchte ich euch heute von meinem letzten Trip erzählen, der mich nach Südfrankreich gebracht hat: Sonne, Strand, tolle Küche... Ich wollte unbedingt etwas Neues entdecken, darum bin ich nach Monaco gefahren. Kleines Land, viele Leute, tolle Gegend und viel Luxus. Der Blick aufs Meer ist einfach atemberaubend.

Shutterstock.com/Drozdin Vladimir

Shutterstock.com/Drozdin Vladimir

Shutterstock.com/Bumble Dee

Ich war viel spazieren, habe die Natur genossen und mir natürlich Zeit für mich genommen und am Strand gechillt. Der Hafen ist richtig beeindruckend, da kann man regelrechte Häuser auf dem Meer sehen. Diese Yachten sind einfach unglaublich! Apropos Boot ... Selbstverständlich konnte ich nicht nein sagen, als ich die Gelegenheit hatte, Delfine zu beobachten. 😍 Leute, das war einfach unbeschreiblich! ... Ich habe tatsächlich Wale und Delfine im Meer schwimmen sehen!

Dann wurde es auch schon Abend, das Nachtleben wollte ich natürlich auch mal erleben. Ihr wisst ja sicher, dass Monaco für seine Casinos bekannt ist – wer Las Vegas mag, wird Monaco feiern!

Ich selbst mag lieber die Natur und deswegen waren die Delfine mein absolutes Highlight. Solltet ihr mit dem Gedanken spielen, nach Monaco zu fahren, müsst ihr unbedingt diese Tour buchen! Es ist einfach eine tolle Abwechslung zum Stadtleben. Ich werde auf jeden Fall nochmal zu einer anderen Jahreszeit Monaco besuchen. Monaco ist klein aber fein!

Wenn ihr in Zukunft mehr Reisetipps von mir lesen möchtet, lasst gerne ein Abo da, und vergesst nicht zu liken! Bis zum nächsten Mal!

2. Vous travaillez à deux ou trois. Faites des recherches sur la principauté de Monaco. Pour quelle(s) raison(s) est-ce que Monaco est si riche ? Est-ce que cette vie luxurieuse (yacht, casino, magasins de luxe, etc.) vous plairait ? Discutez !

Autorin: Nathalie Bláha, «La Provence», Lernjahre 3–5

KV 8 Monaco – une cité-État en Provence

Les Monégasques sont les habitants de Monaco. À Monaco, le français est la langue officielle mais on y parle également l'italien et l'anglais. Le Prince de Monaco, Albert II, est le chef de l'État. Il s'agit du deuxième plus petit État indépendant au monde après le Vatican. La principauté de Monaco est située sur les bords de la mer Méditerranée, à 12 kilomètres de la frontière italienne. Monaco est un petit État souverain de 3,5 km de long et d'une superficie de 2,02 km^2 en pleine Provence, dans le département des Alpes-Maritimes. Mais Monaco est un État indépendant qui ne dépend pas de la France bien qu'il soit géographiquement enclavé dans un département français. Les villes et villages qui forment les frontières sont Roquebrune-Cap-Martin, Cap d'Ail, Beausoleil et La Turbie.

La principauté est réputée pour sa course automobile, « Le Grand Prix de Monaco », qui a lieu chaque année. On peut également y admirer les artistes lors du festival international du cirque de Monte-Carlo. Le tourisme attire beaucoup de visiteurs, surtout une clientèle de luxe, en particulier à cause des casinos, mais aussi à l'occasion de nombreuses manifestations sportives et culturelles.

1. Lis les phrases suivantes. Est-ce vrai ou faux ? Coche et corrige si nécessaire. Formule des phrases complètes.

	vrai	faux
1. La principauté de Monaco est une monarchie. ____________________ ____________________		
2. Monaco est le plus petit État au monde. ____________________ ____________________		
3. Monaco a une frontière commune avec l'Italie. ____________________ ____________________		
4. Monaco est une région française. ____________________ ____________________		
5. Le Prix de Formule 1 a lieu à Monaco tous les deux ans. ____________________ ____________________		

2. À votre avis, comment est la vie dans un si petit pays ? Imaginez que vous allez vivre à Monaco. Échangez vos idées et discutez des avantages et inconvénients.

Autorin: Nathalie Bláha, «La Provence», Lernjahre 3–5

KV 9 Quiz

Jouez en groupe de trois ou quatre. Chacun prend une feuille et coche les bonnes réponses. Qui est le plus rapide et a le plus de réponses justes ? Comptez un point par bonne réponse.

1. Quelle ville de Provence porte le nom d'une partie du visage ?
   - ☐ Menton ☐ Bouche ☐ Nez
2. Quel autre nom donne-t-on à la Côte d'Azur ?
   - ☐ la Provence bleue ☐ la Belle bleue ☐ la Riviera
3. De combien de départements est constituée la région PACA ?
   - ☐ cinq ☐ six ☐ sept
4. Quel autre nom porte la ville d'Avignon ?
   - ☐ la ville des Papes ☐ la cité des Papes ☐ le palais des Papes
5. Comment s'appelle la ville du Vaucluse dans laquelle on peut visiter des vestiges romains ?
   - ☐ Orange ☐ Clémentine ☐ Melon
6. Quelle ville est le chef-lieu de la région PACA ?
   - ☐ Nice ☐ Avignon ☐ Marseille
7. Que signifie PACA ?
   - ☐ Provence-Arles-Côte d'Azur ☐ Provence-Alpes-Côte d'Azur ☐ Provence-Alpes-Côtes d'Armor
8. Lequel de ces départements n'est pas en Provence ?
   - ☐ le Var ☐ la Savoie ☐ les Bouches-du-Rhône
9. Quelle fleur est considérée comme symbole de la Provence ?
   - ☐ la fleur de lys ☐ la fleur de sel ☐ la fleur de lavande
10. Quel personnage de roman a été emprisonné au château d'If à côté de Marseille ?
    - ☐ le Comte de Monte-Cristo ☐ le Marquis de Carabas ☐ Cyrano de Bergerac
11. Quel insecte est associé à la Provence ?
    - ☐ la sauterelle ☐ la fourmi ☐ la cigale

Points : ________

Autorin: Nathalie Bláha, «La Provence», Lernjahre 3–5

KV 10 La cuisine provençale

1. Lis les textes suivants. Quel plat correspond à quelle image ? Écris la lettre sous la photo correspondante à côté du nom de la spécialité culinaire provençale. Si tu ne connais pas tous les ingrédients, cherche-les dans un dictionnaire ou sur Internet.

1) 

Shutterstock.com/Ostranitsa Stanislav

Les tomates à la provençale ______

2)

Shutterstock.com/hlphoto

La bouillabaisse ______

3) 

Shutterstock.com/Marina Onokhina

La ratatouille ______

4) 

Shutterstock.com/Cristina.A

La socca de Nice / La cade de Toulon ______

5) 

Shutterstock.com/from my point of view

La soupe au pistou ______

6)

Shutterstock.com/AS Foodstudio

La daube provençale ______

7) 

Shutterstock.com/Tatiana Bralnina

La salade niçoise ______

8)

Shutterstock.com/Jerome Romme

La tapenade ______

A) Cette recette n'est pas faite pour les personnes végétariennes ou véganes. Il s'agit d'un plat de viande marinée dans du vin. Le plus souvent, on utilise de la viande de bœuf ou de sanglier. On la fait cuire avec des carottes, de l'ail, des herbes et on la mange en général avec des pommes de terre ou des pâtes.	**B)** Cette spécialité de légumes cuits ne contient ni viande ni poisson. Elle a donné son nom à un dessin animé avec des rats. Pour la faire, il faut des aubergines, des courgettes, des poivrons, des tomates, des oignons, de l'ail et des herbes de Provence. On peut aussi ajouter des olives noires à la recette si on le désire.
C) Cette soupe tient son nom de la sauce au basilic avec laquelle on la mange. Il s'agit d'une soupe de légumes avec des pâtes. Pour préparer la soupe, il faut un oignon, des tomates bien mûres, des haricots rouges, blancs et verts, des courgettes, des pommes de terre et 200 g de pâtes. Le pistou se fait avec de l'ail, du basilic frais, du parmesan râpé et de l'huile d'olive.	**D)** Si tu vas à Marseille, tu entendras parler de ce plat. Cette soupe de poisson est une grande spécialité marseillaise. Il s'agit d'une soupe à base de crustacés et de poissons de roche, c'est-à-dire des poissons pêchés près des côtes. On la mange avec du pain frotté avec de l'ail ou des croûtons et de la rouille, une sauce de couleur cuivre qui se met sur le pain.
E) Quand on aime les olives, qu'elles soient noires ou vertes, il faut à tout prix goûter cette recette traditionnelle de la cuisine provençale. Elle se prépare avec des olives noires ou vertes pilées qui sont mélangées avec de l'huile d'olive, de l'ail, des câpres, des herbes et des anchois. Elle se mange en apéritif avec du pain.	**F)** Dans cette salade, il y a beaucoup de légumes froids, non cuits. On y met de la laitue, des oignons coupés, des tomates, du poivron vert ou rouge, des artichauts mais aussi des œufs durs et des olives noires. On y ajoute des anchois ou du thon, selon les goûts, et on assaisonne avec une vinaigrette à l'huile d'olive.
G) C'est une recette végétarienne et très facile à faire. Il suffit de couper de belles tomates en deux. On les recouvre de chapelure – c'est du pain dur sec émietté – puis on ajoute du persil, de l'ail et un peu d'huile d'olive. On cuit les tomates au four dans un plat.	**H)** Cette spécialité de Provence est typique de la cuisine niçoise, mais on peut aussi la déguster à Toulon où elle porte un autre nom. Il s'agit d'une pâte fine à base de farine de pois chiche et d'huile d'olive. Elle est cuite au four à bois dans un grand plat rond.

2. Réponds aux questions suivantes. Formule des phrases complètes.

a) Qu'est-ce que le pistou ?

____

b) Comment s'appelle la spécialité marseillaise ? De quoi s'agit-il ?

____

c) Quelle spécialité change de nom selon la ville où on la déguste ? De quelle farine s'agit-il ?

____

d) Dans quelle(s) recette(s) est-ce qu'on met de l'ail ?

____

Autorin: Nathalie Bláha, «La Provence», Lernjahre 3–5

3. Relis attentivement les textes et coche la case correspondante dans le tableau.

	Plat de viande	Plat de poisson	Spécialité avec des olives	Spécialité avec des légumes
Tomates à la provençale	☐	☐	☐	☐
Bouillabaisse	☐	☐	☐	☐
Soupe au pistou	☐	☐	☐	☐
Ratatouille	☐	☐	☐	☐
Socca/cade	☐	☐	☐	☐
Daube provençale	☐	☐	☐	☐
Tapenade	☐	☐	☐	☐
Salade niçoise	☐	☐	☐	☐

4. Vous travaillez à deux ou trois. Choisissez une des spécialités et faites des recherches. Écrivez un texte et présentez vos résultats devant la classe ou un autre groupe. Vous avez plusieurs possibilités :

⊕ Au choix

- Vous allez participer à un concours de cuisine. Pour gagner, vous devez décrire votre plat le mieux possible et donner envie au public de le manger.
- Vous voulez publier une recette dans un livre de cuisine. Créez un dépliant (*Flyer*) ou rédigez un article pour un magazine culinaire sur la recette de votre choix. Présentez la spécialité, sa ville ou région, son histoire, s'il en existe une, etc. Pourquoi avez-vous choisi cette recette ?
- Vous avez la possibilité d'interviewer un/e grand/e chef/fe de cuisine. Partagez-vous les tâches. Après le travail de recherche, préparez des questions et des réponses à l'écrit. Il y a la/le journaliste qui pose les questions, un d'entre vous est le/la chef/fe de cuisine et la troisième personne est un inspecteur/une inspectrice du guide Michelin qui se renseigne et donne son avis afin de donner une ou plusieurs étoiles au/à la chef/fe. Jouez la scène devant la classe ou un autre groupe.

5. Chacun choisit une spécialité. Notez les mots clés et réfléchissez à la façon dont vous allez la présenter à vos partenaires. À tour de rôle, décrivez votre plat avec vos propres mots et faites-le deviner à vos partenaires. La personne qui devine en premier présente son plat.

Autorin: Nathalie Bláha, «La Provence», Lernjahre 3–5

KV 11 Les spécialités sucrées

1. Regarde les images. Est-ce que tu connais ces spécialités provençales sucrées ? Qu'est-ce que tu aimerais le plus goûter ? Numérote ces pâtisseries et sucreries de 1 (que tu aimerais énormément goûter) à 9 (qui te donne le moins envie).

Shutterstock/Da Silva Emmanuelle

La tropézienne

Shutterstock.com/Anna_Pustynnikova

Les calissons

Shutterstock.com/Mlon

Les navettes

Shutterstock.com/RoYam

Le nougat

Shutterstock.com/Ana Se

Les biscuits à la lavande

Shutterstock.com/Ganna Zelinska

Les fruits confits

Shutterstock.com/emmanuellegrimaud

La couronne des rois

Shutterstock.com/Frank L Junior

Les croquants aux pignons

Shutterstock.com/Gyca e Carol

Les chichis frégis

2. Vous travaillez à deux ou trois. Comparez vos listes. Est-ce que vous aimeriez goûter les mêmes choses ? Discutez et échangez vos avis. Quelles sont les sucreries ou pâtisseries que vous aimez ? Êtes-vous plutôt sucré ou salé ?

3. Vous voulez préparer une spécialité sucrée de Provence pour la journée franco-allemande. Chaque groupe choisit sa spécialité préférée et fait quelques recherches sur Internet. Quels en sont les ingrédients ? Dans quelle partie de la Provence est-ce qu'on fait la spécialité que vous avez choisie ? Écrivez la recette et trouvez au moins trois arguments pour convaincre les autres de choisir votre spécialité préférée. Présentez vos résultats devant la classe et votez pour le meilleur groupe.

Autorin: Nathalie Bláha, «La Provence», Lernjahre 3–5

KV 12 Autres spécialités provençales

1. La Provence est connue pour ses paysages, sa cuisine et son soleil. Elle vit beaucoup du tourisme, mais c'est également une région agricole. Connais-tu les différents produits fabriqués en Provence ? Lis les textes suivants et retrouve l'image qui correspond. Chaque image porte une lettre. Remets-les dans l'ordre donné par les textes et trouve le mot caché. Il s'agit d'une région sauvage en pleine Provence.

2

Il s'agit d'un produit d'hygiène et même si beaucoup de personnes utilisent plus souvent les gels douche, ce produit sous forme solide est connu pour être très bon pour la peau. C'est une spécialité marseillaise.

A

Shutterstock.com/AlexDonin

R

Shutterstock.com/Misses Jones

8

Cet arbre pousse très bien dans le sud de la France et une branche portant des fruits était représentée sur les pièces d'un franc. Ses fruits sont souvent dégustés lors de l'apéritif, mais accompagnent aussi plusieurs plats typiques.

3

Que ce produit puisse pousser dans une région qui manque souvent énormément d'eau peut paraître étonnant. Pourtant, les rizières de Camargue fournissent la majeure partie des productions de riz en France.

G

Shutterstock/baibaz

A

Shutterstock.com/Aygul Bulte

7

Il existe plusieurs sortes de ce produit sucré. Ce sont les abeilles qui le produisent et les hommes qui le récoltent. Pour l'obtenir, il faut que les abeilles butinent (*bestäuben*) les fleurs de lavande.

Autorin: Nathalie Bláha, «La Provence», Lernjahre 3–5

5

La Provence est connue pour sa cuisine. Cet ingrédient est très caractéristique de la région et assaisonne beaucoup de plats. Thym, romarin, sarriette et origan forment un mélange.

U

Shutterstock.com/Andrii Horulko

E

Shutterstock.com/Travel-Fr

1

Ces figurines en argile sont utilisées pour la crèche de Noël. On utilise des santons de 7 à 9 cm. Mais ils peuvent avoir différentes tailles : les petits sont parfois cachés dans le gâteau des rois qu'on mange le 6 janvier, les grands servent de décoration.

6

Ce liquide, fabriqué avec les fruits des oliviers, joue un rôle très important en Provence. On l'utilise beaucoup dans la cuisine provençale et cette huile est considérée comme très bonne pour la santé.

M

Shutterstock.com/Tobik

C

Shutterstock.com/Emil Litov

4

Cette spécialité culinaire se récolte à la main dans les salins en Camargue. Cette fleur n'est pas une vraie fleur mais le résultat de la cristallisation du sel à la surface de l'eau.

Solution : la ___ ___ ___ ___ ___ ___ ___ ___

1 2 3 4 5 6 7 8

2. Laquelle de ces spécialités vous étonne ou vous intéresse le plus ? Faites des recherches et notez les mots clés pour présenter vos résultats devant la classe. Pourquoi avez-vous choisi cette spécialité ?

KV 13 La Côte d'Azur

1. La Côte d'Azur est un lieu très connu qui attire beaucoup de touristes, surtout en été. Mais à quoi pensez-vous quand vous entendez le mot « Côte d'Azur » ? À quelles villes ou attractions touristiques associez-vous cet endroit ? Qu'est-ce qu'on peut y faire ? Quels sont les mots qui résument pour vous ce lieu touristique ?
Tout d'abord, chacun cherche les mots qu'il/elle associe à la « Côte d'Azur » et complète son associogramme. Ensuite, travaillez à deux. Échangez vos idées, classez-les et complétez vos associogrammes. Vous pouvez écrire des noms, des verbes, des adjectifs ou des expressions.

   Voici quelques idées pour vous aider.

2. Vous travaillez à deux ou trois. Vous avez certainement trouvé quelques idées. Choisissez un sujet de votre associogramme et faites des recherches. Partagez-vous les tâches. Créez un dépliant (*Flyer*) ou écrivez un article pour un magazine touristique. Quelles sont les grandes villes ? Où faut-il aller (« Les incontournables ») ? Quel(s) sport(s) peut-on y pratiquer, quelle(s) excursion(s) ou quelle(s) balade(s) peut-on faire pour découvrir la région ou la nature, etc. ?

Autorin: Nathalie Bláha, «La Provence», Lernjahre 3–5

KV 14 Qu'est-ce qu'on peut faire sur la Côte d'Azur ?

1. La Côte d'Azur a plusieurs visages : vie de luxe avec yachts et hôtels luxurieux, mer et plage, petits villages sur les collines ou villages de pêcheurs, activités sportives variées et découverte de la nature. Tu vas partir en échange sur la Côte d'Azur et ton/ta correspondant(e) t'a demandé ce que tu aimerais faire pendant ton séjour. Regarde les images qui peuvent te donner des idées et/ou fais des recherches sur Internet. Écris-lui un e-mail et raconte ce que tu aimerais bien faire et/ou visiter. N'oublie pas d'expliquer pourquoi.
Lis ton texte à ton/ta partenaire.

Shutterstock/Denis Makarenko

Festival de Cannes

Shutterstock.com/eskystudio

Yachts

Shutterstock.com/Aleksandra Berzhets

Plage réservée

Shutterstock.com/proslgn

Hôtel Negresco à Nice

Shutterstock.com/Sina Ettmer Photography

Saint-Tropez

Shutterstock.com/LiliGraphie

Plage

Shutterstock.com/Giovanni Rinaldi

À la rencontre des dauphins

Shutterstock.com/Noble Nature

Planche à voile

Shutterstock.com/Damsea

Plongée sous-marine

2. Vous travaillez à deux ou trois. Vous avez déjà passé des vacances sur la Côte d'Azur ou aimeriez y aller ? Parlez des vacances de vos rêves. Échangez vos idées. Préférez-vous passer vos vacances dans le luxe ou plutôt découvrir la nature de la Côte d'Azur ? Où dormez-vous ? Que faites-vous de vos journées ?

Autorin: Nathalie Bláha, «La Provence», Lernjahre 3–5

KV 15 Le Luberon

1. Regardez bien ce paysage et faites une liste des choses que vous voyez sur l'image. Vous pouvez écrire des noms, des verbes, des adjectifs ou des expressions. Qui a trouvé le plus de mots français ? Il vous manque encore des mots ? Cherchez-les sur Internet ou dans un dictionnaire.

Shutterstock.com/Philippe Manael

Autorin: Nathalie Bláha, «La Provence», Lernjahre 3–5

2. Tu as trouvé beaucoup de vocabulaire. À présent, il faut décrire l'image ! Regarde bien le paysage et décris-le le mieux possible. Utilise les expressions « au premier plan, à l'arrière-plan, au centre de l'image, à droite, à gauche, devant, derrière, à côté de ... ». Lis ton texte à ton/ta partenaire.

3. Ce paysage exceptionnel se trouve dans le Luberon. Il s'agit du Colorado provençal. Fais des recherches sur Internet et remplis la fiche pour présenter ce lieu sensationnel. Formule des phrases complètes.

Le Colorado provençal

a) Qu'est-ce que le Luberon ? ______

b) Département où se situe le Colorado provençal : ______

c) Dans quelle commune se situe-t-il ? ______

d) Que peut-on y voir ? ______

e) Peut-on le visiter en voiture ou à vélo ? ______

Autorin: Nathalie Bláha, «La Provence», Lernjahre 3–5

KV 16 La Camargue

Cette région riche en paysages est une merveille en Provence. C'est une région qui offre une nature variée et sauvage et de nombreux produits. Située entre tradition et modernité, la Camargue propose également des activités diversifiées.

1. Voici une carte de la Camargue. Recherche des informations sur Internet et complète la fiche de présentation dans ton cahier. Tu peux également faire une présentation numérique ou un poster.

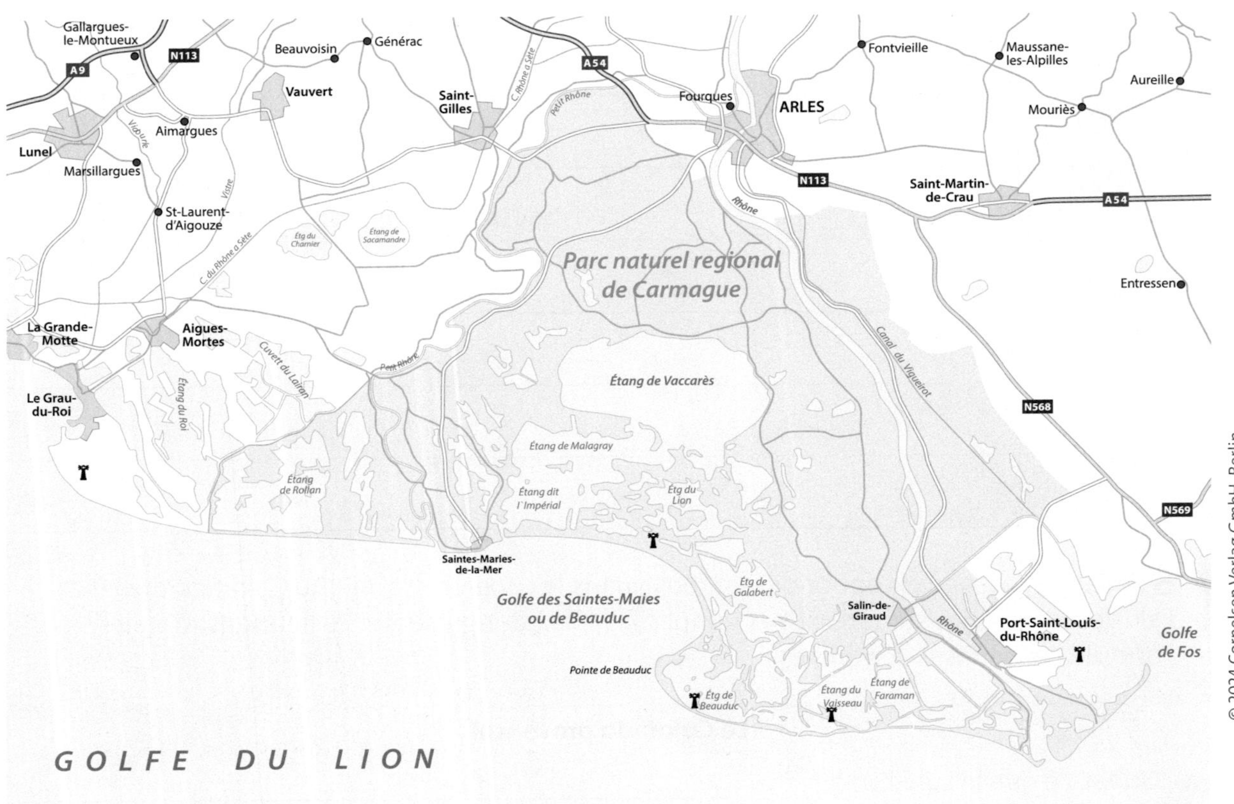

Shutterstock.com/Rainer Lesniewski

La Camargue

a) Qu'est-ce que la Camargue ?

b) Situation géographique (départements, fleuve/mer)

c) Superficie

d) « Capitale(s) » de la Camargue

e) Productions agricoles camarguaises

f) Animaux élevés en Camargue

g) Fêtes et traditions

Autorin: Nathalie Bláha, «La Provence», Lernjahre 3–5

2. Regardez les images. Imaginez que vous avez la possibilité de faire un stage en Camargue. Choisissez une des propositions, faites des recherches sur Internet et présentez un des sujets suivants typiques de la Camargue. Vous pouvez écrire un texte, faire un poster ou une présentation numérique. Présentez vos résultats devant la classe ou un autre groupe.

Shutterstock.com/Alexey Fedorenko

Exploitation du sel à Salin-de-Giraud

Shutterstock.com/barmalini

Exploitation du riz : les rizières de Camargue

Shutterstock.com/Richard Semik

Parc national de Camargue

Shutterstock.com/Wendy Corniquet

Les chevaux camarguais

Shutterstock.com/ventdusud

Les taureaux camarguais

Shutterstock.com/Lenush

Féria : Course camarguaise

Autorin: Nathalie Bláha, «La Provence», Lernjahre 3–5

KV 17 L'écotourisme

En Provence, on peut faire de l'écotourisme à plusieurs endroits. On peut découvrir, observer et admirer la nature tout en la respectant dans des parcs naturels très souvent protégés, car il s'agit pour la plupart de réserves naturelles.

1. Est-ce que vous avez déjà fait de l'écotourisme pendant vos vacances ? Qu'est-ce que l'écotourisme pour vous ? Si vous alliez en Provence, lequel de ces lieux vous plairait le plus ? Parlez de vos expériences, discutez et justifiez votre/vos choix. S'il vous manque des mots, cherchez-les sur Internet.

Shutterstock.com/Yamagiwa

Le village troglodyte de Cotignac

Shutterstock.com/Professional Media Berlin

Les Gorges du Verdon

Shutterstock.com/Alessandro Cristiano

Le parc du Mercantour

Shutterstock.com/Ruslankphoto

La Camargue

2. Tu fais un stage dans le tourisme éco-responsable dans le sud de la France. Fais des recherches sur Internet. Écris un article pour un magazine touristique dans lequel tu racontes ce que tu fais et comment tu vis pendant ton stage. Tu as plusieurs possibilités :

⊕ Au choix

- Tu fais ton stage dans un ranch en Camargue. Tu vis chez l'habitant et tu l'aides. Le ranch pratique l'élevage de chevaux et de taureaux camarguais. Il propose des visites à cheval aux touristes. Pour ce ranch, l'éco-responsabilité et l'écotourisme sont extrêmement importants.
- Tu vis dans un village troglodyte avec d'autres stagiaires et aide à son entretien et/ou sa reconstruction. Vous avez un jardin où vous cultivez des légumes et devez faire attention à ne pas faire de gaspillage.
- Tu fais ton stage dans le parc national de Camargue ou du Mercantour. Tu vis dans un camping ou dans une maison mise à disposition des gardes-moniteurs qui s'occupent de l'entretien et de la protection des parcs nationaux. Tu accompagnes ton garde-moniteur qui renseigne et informe les touristes.

Autorin: Nathalie Bláha, «La Provence», Lernjahre 3–5

KV 18 Noël en Provence

1. Comment fête-t-on Noël en Provence ? Quelles sont les particularités de cette fête ? Les informations ont été mélangées. Lis les textes et retrouve le bon ordre chronologique. Numérote-les de 1 à 8 dans l'ordre de leur déroulement. Bien-sûr, il s'agit là de traditions et cela ne veut pas dire qu'en Provence toutes les familles fêtent encore la « période calendale » (de Noël, en provençal) dans la plus grande tradition.

La messe de minuit

Après le *Gros Souper*, le soir du 24 décembre, après avoir goûté aux 13 desserts, les familles allaient à l'église pour écouter la messe de minuit – qui est souvent célébrée plus tôt dans la soirée.
Dans les églises où Noël se fête encore dans une grande tradition, on peut y écouter et chanter les chants de « La Pastorale » en langue provençale, y voir une crèche vivante ou un groupe folklorique et ses tambourinaires qui accompagnent la fête avec leurs galoubets (flûtes à trois trous) et leurs tambourins.

La Foire aux Santons

Les santons sont des figurines de terre cuite fabriquées en Provence par les santonniers. Les santons sont disposés dans la crèche et représentent un village provençal. Les grandes villes de Foires aux Santons sont Marseille, Aix-en-Provence et Aubagne. C'est en 1803 qu'a eu lieu la première Foire aux Santons à Marseille. Dans cette ville, la foire commence chaque année le 2ème week-end de novembre et se termine à la fin décembre. On peut y admirer des santons dans une vingtaine de stands et en acheter de nouveaux pour la crèche.

La Sainte-Barbe

Dans la tradition provençale, il s'agit du jour où commence la préparation de Noël. Le 4 décembre, fête de la Sainte Barbe ou Barbara, les Provençaux mettent du blé ou des lentilles dans trois petites assiettes appelées « sietoun ». On dispose sur ces petites assiettes un peu de coton puis des grains de blé ou des lentilles qui sont arrosés régulièrement. Ces « sietoun » dans lesquelles les graines poussent sont placées sur la table de Noël et servent de décoration.

La Chandeleur

Le 2 février marque, dans la tradition populaire de Provence, la fin de la période de Noël. Il s'agissait du jour où les gens rangeaient leur crèche. À la Chandeleur, on mange des crêpes.

La Sainte-Luce

Le 13 décembre, à la Sainte-Luce (fête de la Lumière), les gens allaient cueillir le gui[1] qu'on pendait au-dessus d'une porte et sous lequel les couples s'embrassaient. C'est également ce jour-là qu'on allait chercher le houx[2]. Il était pendu au-dessus de la porte d'entrée à l'extérieur en signe de bienvenue.

[1] *Mistel*, [2] *Stechpalme*

Autorin: Nathalie Bláha, «La Provence», Lernjahre 3–5

L'Avent

L'Avent, qui commence quatre dimanches avant Noël, était autrefois annoncé dans les rues des villages par les tambourinaires, les musiciens joueurs de tambourins et galoubets. Les familles allumaient une bougie chaque dimanche comme en Allemagne. Mais cette tradition très ancienne s'est perdue. Aujourd'hui, beaucoup de familles ont des calendriers de l'Avent. Ce n'est pas une tradition provençale, mais une tradition allemande qui a passé la frontière.

L'Épiphanie

Cette fête annonce l'arrivée des Rois Mages à la crèche. Les trois santons représentant les « Rois Mages » « voyagent » à partir du 25 décembre : ils sont avancés tous les jours jusqu'à leur arrivée à la crèche le 6 janvier. C'est le jour où on mange la couronne des rois dans laquelle sont cachées une fève[1] et une figurine.

La Saint-Sylvestre

Comme partout en France et dans le monde, le dernier jour de décembre est synonyme de grande fête : « *Bon bout d'an, et à l'an que vèn !*[2] »

[1] *trockene Bohne* [2] Bonne fin d'année et à l'année qui vient !

2. Vous vous partagez la tâche. Vous lisez deux textes différents. Après la lecture, chacun raconte à son/sa partenaire en français ce qu'il/elle a appris sur le Noël provençal.

La crèche

Dans beaucoup de familles, la crèche joue encore un rôle important. Autrefois, on la faisait la veille ou le dimanche avant Noël et on la gardait jusqu'au 2 février. Avec des santons, on représente un village provençal qui se réunit autour de l'étable où sont disposés Marie, Joseph, l'âne et le bœuf. Les figurines en costume provençal représentent les habitants et leur corps de métier (le boulanger, le chasseur, le maire). Dans la crèche, on retrouve les quatre éléments : la terre (la mousse ou une colline), l'eau (un ruisseau), l'air (le moulin), le feu (une bougie ou un feu de camp). Le « petit Jésus » n'est rajouté qu'après minuit, le 25 décembre. Les Rois Mages n'y arrivent que le 6 janvier.

Le sapin, les cadeaux et la rose de Jéricho

Le sapin de Noël est aujourd'hui également présent dans les foyers provençaux même s'il ne s'agit pas d'un arbre de tradition provençale. Quand il s'agit d'un vrai arbre, il est mis et décoré quelques jours avant Noël. C'est à son pied que le père Noël dépose les cadeaux dans la nuit du 24 au 25 décembre. Ce n'est que le lendemain matin, le 25 décembre, que les enfants trouvent leurs cadeaux.

La rose de Jéricho était autrefois une décoration très traditionnelle. Il s'agit d'une rose du désert assez magique. Elle est sèche et se conserve, car elle ne s'ouvre qu'au contact de l'eau et se referme tout naturellement. Elle était mise dans une coupelle d'eau sur la table, lors de la préparation du *Gros Souper*. Si dans cette nuit elle s'ouvrait, c'était signe de prospérité pour la famille.

Le(s) repas de Noël

La table pour le repas

La table doit être très belle pour les fêtes ! Les personnes qui fêtent Noël dans la tradition mettent trois nappes[1] blanches de tailles différentes l'une sur l'autre en commençant par la plus grande. Ensuite, on met la nappe moyenne puis une plus petite. C'est sur cette dernière « petite » nappe qu'on mangera le « Gros Souper », qui est le repas du réveillon du 24 décembre. À la fin du repas, on pliera la nappe sans la secouer[2] et on l'enlèvera. La nappe moyenne sera pour le 25 décembre. On répétera le même rituel après le repas du 25 décembre et la dernière nappe sera pour le 26. On ne secouera les nappes qu'après les festivités. En décoration, on dispose les trois petites assiettes ou « sietoun » remplies de lentilles ou de blé. Il ne faudra pas oublier de mettre un couvert de plus que le nombre d'invités attendus – ce sera la place du « pauvre », invité pour la nuit de Noël.

Le Gros Souper (le réveillon du 24 décembre)

Dans la grande tradition, il y avait sept plats. On mangeait des plats composés de produits régionaux : soupes, escargots, coquillages et poissons accompagnés de gratins de légumes. Mais les traditions se perdent et peu de familles ont encore sept plats sur la table. Cependant, il s'agit traditionnellement d'un repas avec du poisson.

Le repas du jour de Noël

Le 25 décembre, on mange de la volaille – dinde[3], oie[4], chapon[5] ou pintade[6] – accompagnée de gratins ou de légumes.
Le plateau avec les 13 desserts ne doit manquer en aucun cas et il est rempli après chaque repas.

[1] *Tischtuch* [2] *ausschütteln* [3] *Pute* [4] *Gans* [5] *Kapoun* [6] *Perlhuhn*

Les desserts

La bûche de Noël : Il s'agit d'un gâteau qui a la forme d'un tronc d'arbre. Dans l'ancienne tradition, on mettait un tronc d'arbre fruitier (« le *cacho fio* ») au feu la nuit de Noël et on le faisait brûler dans la cheminée pendant plusieurs jours. Aujourd'hui, cette tradition s'est beaucoup perdue, mais ce gâteau nous la rappelle. Bien qu'il ne s'agisse pas d'une tradition provençale, ce gâteau chocolaté, souvent fourré de marrons en Provence, se mange à la fin du repas. On peut manger des bûches de Noël dans toute la France.

Les 13 desserts : Cette tradition est bien provençale et les 13 desserts varient selon les régions ou les villes de Provence. Il s'agit du dessert qui se mange avant d'aller à la messe de minuit. Le plat reste cependant sur la table et on déguste ces desserts aussi le jour de Noël.

Sur le plateau, on trouve des fruits frais (pommes, poires ou raisins) et des fruits demi-secs et secs (figues sèches, raisins secs, amandes et noix ou noisettes) qui représentent quatre ordres religieux. Parfois, on trouve aussi des dattes ou des pruneaux (prunes séchées). Il y a également des confiseries (comme les calissons d'Aix-en-Provence), du nougat blanc et parfois noir ainsi que des fruits confits. Le treizième dessert est le même dans toute la Provence, il s'agit de la pompe à huile, pain brioché à l'huile d'olive et souvent aromatisé à la fleur d'oranger.

Autorin: Nathalie Bláha, «La Provence», Lernjahre 3–5

3. Maintenant, réponds aux questions suivantes. Formule des phrases complètes.

a) Avec quoi fait-on la crèche de Noël en Provence ? Qu'est-ce qu'elle représente ?

b) Quels sont les quatre éléments qu'on retrouve dans une crèche ? Comment sont-ils représentés ?

c) Quand est-ce que petits et grands peuvent ouvrir leurs cadeaux ? Qui les dépose au pied de l'arbre ?

d) Où est-ce qu'on met la rose de Jéricho ? En quoi est-ce que cette rose est différente des roses qui poussent dans un jardin ?

e) Quelles sont les traditions de Noël pour mettre la table ?

f) Qu'est-ce qu'on appelle le « Gros Souper » en Provence ?

g) Qu'est-ce qu'on appelle le « cacho fio » en Provence ?

h) Quel est le treizième dessert qui ne doit pas manquer sur le plateau ?

4. Discutez en groupe de deux ou trois. Comment se fête Noël dans votre région ? Quelles sont les particularités de cette fête ? Est-ce qu'il y a des similitudes/différences avec la façon de fêter Noël en Provence ?

Autorin: Nathalie Bláha, «La Provence», Lernjahre 3–5

KV 19 Les festivités et les festivals

1. Marie vit en Provence et est blogueuse. Dans ses blogs, elle aime bien raconter ce qui se passe dans sa région. Elle aime surtout présenter des évènements, des fêtes ou des festivités. Aujourd'hui, elle a écrit un post sur les fêtes et les festivals.
Lis son blog et laisse un commentaire.

La Provence en fête

Bonjour à tous et à toutes ou plutôt Bouan jou !

En Provence, on sait faire la fête ! Un grand nombre de nos festivals et de nos fêtes sont connus dans le monde entier. Aujourd'hui sur mon blog, je vous emmène faire la fête ! C'est trop cool, non ! Allez, c'est parti ! En route pour Nice et son Carnaval !

Le Carnaval de Nice, c'est notre Carnaval de Rio à nous 😉 ! C'est le plus grand de France et il est célèbre un peu partout dans le monde. D'après des recherches, on aurait parlé du Carnaval de Nice dès 1294 ! C'est fou quand même 😳. Le Carnaval a lieu chaque année en février et dure deux semaines. Mais on fait la fête pendant trois week-ends 😊. Il y a un thème nouveau pour chaque carnaval et les participants fabriquent pendant des mois des chars qui défilent au grand plaisir des spectateurs. Il y a des artistes et des animations. On peut voir des chars avec des personnages en papier mâché énormes mais il y a aussi des chars décorés de fleurs. D'abord, il faut que je vous dise que chez nous en Provence, on produit beaucoup de fleurs et c'est avec ces fleurs qu'on décore les chars. *Les Corsos fleuris* sont de toute façon une grande spécialité de Provence. Et on a plus d'une fois par an l'occasion de pouvoir les admirer. *Les Corsos fleuris* sont organisés pour fêter la fin de l'hiver et l'arrivée du printemps. Bien-sûr le Carnaval de Nice a aussi son Corso fleuri. Mais ce n'est pas la seule ville ! Dans le Var, beaucoup de villes ou villages ont leur fête des fleurs. Il y a quelque chose que vous n'avez sûrement jamais vu et qui a lieu lors des Corsos fleuris ! Cette attraction géniale, c'est la Bataille des fleurs ! On ne se bat pas avec des fleurs mais les personnes sur les chars et celles qui défilent lancent et distribuent des fleurs aux spectateurs 😊.

À Menton, on fait aussi la fête à la même période mais les chars sont très différents : pas de fleurs et pas de chars avec des personnages énormes. Imaginez des chars décorés avec des citrons ! *La fête du Citron de Menton* est aussi connue dans le monde entier et c'est quelque chose d'unique ! Dès la mi-février et jusqu'au début mars, la ville est en fête et de grands chars ainsi que des décorations fixes de plusieurs mètres recouverts de citrons et d'oranges embellissent la ville. Menton et ses alentours sont de très grands producteurs de citrons ! Pour réaliser les chars, il faut des tonnes d'oranges et de citrons !

Toutes ces fêtes ont lieu en hiver, mais si vous venez en été, vous pouvez aussi découvrir une fête des fleurs. À Digne-les-Bains, chaque année, le premier dimanche d'août et pendant plusieurs jours, on fête la lavande qui est le symbole de la Provence. Lors de *la fête de la Lavande* des corsos de lavande sont organisés dans beaucoup de communes.

Autorin: Nathalie Bláha, «La Provence», Lernjahre 3–5

Mais en Provence, on ne fête pas que les fleurs et le carnaval, nous avons aussi des festivals très connus. Avignon organise chaque année un grand festival de théâtre et de spectacle vivant. *Le Festival d'Avignon* s'empare de la ville en été, au mois de juillet, et la transforme en grande scène théâtrale. Le plus connu de tous est, sans aucun doute, le Festival international du film qui a lieu chaque année au mois de mai dans la ville de Cannes. *Le Festival de Cannes* et sa Palme d'or, qui est donnée en récompense au meilleur film, attirent chaque année des millions de visiteurs qui espèrent voir les stars du cinéma international défiler sur le tapis rouge.

Comme vous pouvez le constater, en Provence il y a toujours quelque chose à faire et à découvrir ! 😊

Tchào et des poutous 😘 ! Comme on dit chez moi. Vous l'avez deviné, ça veut dire au revoir et bises. À bientôt j'espère, dans mon prochain blog !

Marie

Laisse un commentaire et dis-moi laquelle de ces festivités t'a le plus impressionné(e).

2. Tu passes tes vacances avec ta famille sur la Côte d'Azur. Tu as lu le blog de Marie et ses informations sur les festivités auxquelles on peut participer. Tu es la seule personne qui parle français dans ta famille. Mais tout le monde voudrait savoir de quoi il s'agit dans le post. Rédige quelques phrases dans lesquelles tu leur expliques le post en allemand.
Ensuite, lis ton texte à ton/ta partenaire.

Autorin: Nathalie Bláha, «La Provence», Lernjahre 3–5

3. Voici des photos de quatre des festivités qu'a présentées Marie. Regarde les images, choisis-en une et décris-la à ton/ta partenaire qui doit deviner de quelle festivité il s'agit, ensuite c'est au tour de ton/ta partenaire de te faire deviner son image.

KV 20 Quiz

Jouez en groupe de trois ou quatre. Chacun prend une feuille et coche les bonnes réponses. Qui est le plus rapide et a le plus de réponses justes ? Comptez un point par bonne réponse.

1. Comment s'appelle le sport typique provençal ?
☐ le rugby ☐ la pétanque ☐ le volley-ball de plage

2. Comment s'appelle la soupe de poisson typique de la ville de Marseille ?
☐ la soupe au pistou ☐ la ratatouille ☐ la bouillabaisse

3. Quelle spécialité agricole est produite en Camargue ?
☐ le riz ☐ le maïs ☐ l'avoine

4. Quelles sont les couleurs du drapeau provençal ?
☐ bleu et blanc ☐ jaune et rouge ☐ blanc et rouge

5. Le jeu de boules, appelé pétanque en Provence, se joue avec
☐ des balles de tennis ☐ des boules en métal ☐ des boules en mousse

6. À Menton, lors du carnaval a lieu
☐ la fête de l'Orange ☐ la fête de la Citrouille ☐ la fête du Citron

7. Combien de desserts trouve-t-on sur le plateau à Noël en Provence ?
☐ 12 ☐ 13 ☐ 14

8. Quelle huile est typique de la cuisine provençale ?
☐ l'huile d'olive ☐ l'huile de tournesol ☐ l'huile de colza

9. Comment appelle-t-on les courses camarguaises ?
☐ la fiesta ☐ la corrida ☐ la féria

10. Où a lieu le grand festival international du film en Provence ?
☐ à Marseille ☐ à Cannes ☐ à Nice

11. Combien de nappes met-on sur la table du Gros Souper à Noël ?
☐ une ☐ deux ☐ trois

Points : ________

Autorin: Nathalie Bláha, «La Provence», Lernjahre 3–5

Solutions

I. LA RÉGION PACA – GÉOGRAPHIE D'UNE RÉGION

KV 1 : À quoi pensez-vous quand vous entendez le mot « Provence » ?

1. Solutions individuelles
2. Solutions individuelles

KV 2 : La région Provence-Alpes-Côte d'Azur

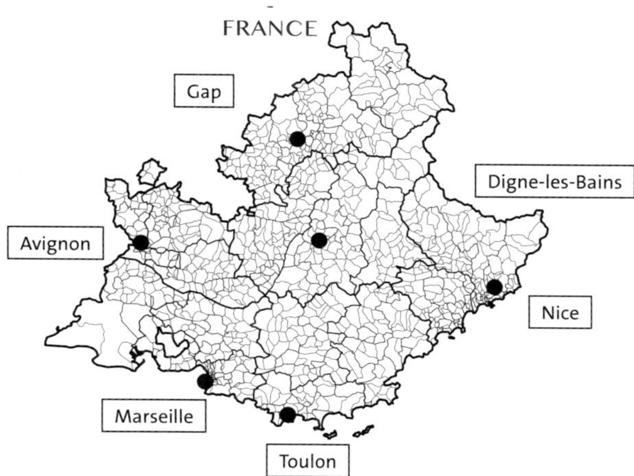

KV 3 : Départements et grandes villes de Provence

1.

2. Solutions individuelles
3. Solutions individuelles

KV 4 : Quand je pense à la Provence...

1.

G	B	O	U	I	L	L	A	B	A	I	S	S	E	L	V	A
C	A	L	U	T	A	R	E	U	E	R	E	I	B	C	I	P
A	Z	I	R	A	V	I	G	N	O	N	F	M	I	E	C	V
N	I	V	D	B	A	P	C	I	T	R	P	A	R	F	U	M
N	J	E	M	Z	N	I	C	E	R	T	I	R	U	U	S	K
E	S	S	T	O	D	E	R	R	O	T	P	S	A	V	O	N
S	A	O	I	C	E	M	C	V	I	B	O	E	N	E	S	O
A	B	Y	N	U	I	T	F	I	S	H	U	I	L	E	T	U
T	O	U	L	O	N	A	V	N	D	E	M	L	U	P	A	G
O	E	P	U	L	L	M	R	S	N	R	E	L	E	R	T	A
I	R	R	A	T	A	T	O	U	I	L	L	E	B	D	O	T

2. **Spécialités culinaires** : la bouillabaisse, la ratatouille ; **produits alimentaires** : l'huile, les olives, le vin, le nougat ; **produits non-alimentaires** : le parfum, le savon, la lavande ; **villes provençales** : Avignon, Nice, Toulon, Cannes, Marseille
3. Solutions individuelles
4. Solutions individuelles

II. LES GRANDES VILLES DE PROVENCE

KV 5 : Quelques bâtiments historiques

1. 1 = L, 2 = O, 3 = U, 4 = C, 5 = I, 6 = G, 7 = A, 8 = L, 9 = O, 10 = U, 11 = N

   Solution : lou cigaloun
2. français : la cigale, allemand : *die Zikade*

   Solutions individuelles. Par exemple : La cigale est un symbole de la Provence. Elle chante en été quand il fait chaud.
3. a) Un héros d'un roman d'Alexandre Dumas a vécu dans le château d'If. b) Le héros du roman s'appelle le Comte de Monte-Cristo. c) Le pont Saint-Bénezet. d) Saint-Rémy-de-Provence. e) On peut en visiter à Arles, à Orange et à Saint-Rémy-de-Provence. f) La basilique qui surplombe Marseille s'appelle Notre-Dame de la Garde. Les Marseillais l'appellent la « Bonne Mère ». g) Le palais des Papes et le pont d'Avignon / pont Saint-Bénezet. h) Il servait à faire de la farine/à moudre le blé/les grains. i) le Rhône
4. Solutions individuelles

KV 6 : Les préfectures

1. a) Nice ; b) Avignon et Nice ; c) Marseille, Toulon et Nice ; d) (à) Toulon ;
   e) La promenade des Anglais ; f) dans le département des Alpes-de-Haute-Provence. La ville s'appelle Digne-les-Bains. g) Il a vécu à Toulon. Le livre s'appelle *Les Misérables*.
2. Solutions individuelles
3. Solutions individuelles
4. Solutions individuelles

KV 7 : Monaco

1. Solutions individuelles
2. Solutions individuelles

KV 8 : Monaco – une cité-État en Provence

1. 1. vrai. 2. faux. Monaco est le deuxième plus petit État au monde. Le Vatican est encore plus petit que Monaco. 3. faux. Monaco se trouve/se situe à 12 kilomètres de la frontière italienne. 4. vrai. 5. faux. Le Grand Prix de Formule 1 a lieu chaque année à Monaco.
2. Solutions individuelles

KV 9 : Quiz

1. Menton ; 2. la Riviera ; 3. six ; 4. la cité des Papes ; 5. Orange ; 6. Marseille ; 7. Provence-Alpes-Côte d'Azur ; 8. la Savoie ; 9. la fleur de lavande ; 10. le Comte de Monte-Cristo ; 11. la cigale

III. LES SPÉCIALITÉS PROVENÇALES

KV 10 : La cuisine provençale

1. 1G, 2D, 3B, 4H, 5C, 6A, 7F, 8E
2. a) Le pistou est la sauce qui accompagne la « soupe au pistou ». C'est une sauce à base de basilic, ail, tomate et fromage. b) La grande spécialité marseillaise, c'est la bouillabaisse. Il s'agit d'une soupe de poisson et de crustacés que l'on mange avec du pain sec et de la rouille. c) Il s'agit de la cade pour la ville de Toulon ou de la socca pour la ville de Nice. Pour cette recette, on a besoin de farine de pois chiche. d) L'ail est un ingrédient très important dans la cuisine provençale. Il en

Autorin: Nathalie Bláha, «La Provence», Lernjahre 3–5

faut dans les recettes suivantes : la daube provençale, la ratatouille, la soupe au pistou, la tapenade, la bouillabaisse, les tomates provençales.

3.

	Plat de viande	Plat de poisson	Spécialité avec des olives	Spécialité avec des légumes
Tomates à la provençale				X
Bouil-labaisse		X		
Soupe au pistou				X
Ratatouille			X	X
Socca/ Cade				X
Daube provençale	X			X
Tapenade			X	X
Salade niçoise		X	X	X

4. Solutions individuelles

5. Solutions individuelles

KV 11 : Les spécialités sucrées

1. Solutions individuelles

2. Solutions individuelles

3. Solutions individuelles

KV 12 : Autres spécialités provençales

1. 1C – le(s) santon(s), 2A – le savon de Marseille, 3M – le riz, 4A – la fleur de sel, 5R – les herbes de Provence, 6G – l'huile d'olive, 7U – le miel de lavande, 8E – les olives

Mot caché : la CAMARGUE

2. Solutions individuelles

IV. LE TOURISME

KV 13 : La Côte d'Azur

1. Solutions individuelles

2. Solutions individuelles

KV 14 : Qu'est-ce qu'on peut faire sur la Côte d'Azur ?

1. Solutions individuelles

2. Solutions individuelles

KV 15 : Le Luberon

1. Solutions individuelles. Par exemple : le paysage, le ciel, la montagne, la colline, les rochers, les arbres, les pins, la forêt, les dunes, le sable, la terre, ocre, orange, rouge, jaune, les touristes, les gens, les personnes, le sac à dos, les vacances, la balade, la promenade, la randonnée, la nature, se promener, se balader, marcher, découvrir, visiter, une/l'excursion, faire une excursion…

2. Solutions individuelles

3. Solutions individuelles. Par exemple : a) Le Luberon est un massif montagneux entre les Alpes-de-Haute-Provence et le département du Vaucluse. b) Le Colorado provençal est/se situe dans le Vaucluse. c) Il se situe dans la commune de Rustrel. d) On peut y voir un paysage composé d'ocre. C'est une ancienne carrière d'exploitation de l'ocre. On trouve de l'ocre de différentes/plusieurs couleurs. e) Non, on peut visiter le Colorado provençal uniquement/seulement à pied.

KV 16 : La Camargue

1. Solutions individuelles. Par exemple : a) La Camargue est une région naturelle en Provence/un parc naturel régional en Provence. Une partie de la Camargue est classée comme réserve de biosphère par l'Unesco. b) La Camargue est située au bord de la mer Méditerranée. C'est une zone marécageuse formée par le delta du Rhône. Elle s'étend sur deux départements : le Gard (Région Occitanie) et les Bouches-du-Rhône (Provence). Elle est composée de la Grande Camargue, la Petite Camargue et le Plan du Bourg. c) La Camargue s'étend sur une superficie d'environ 1500 km². d) Arles est la plus grande commune/ville et le centre urbain. Les Saintes-Maries-de-la-Mer sont souvent connues/considérées comme la capitale de la Camargue. e) La Camargue est une grande productrice de riz (le riz de Camargue, le riz rouge) et de sel. La fleur de sel (rose) est une spécialité de la région. f) Le cheval Camargue qui y vit en semi-liberté est réputé. Il s'agit d'une race particulière, on parle du cheval Camargue. On y élève aussi le taureau camarguais principalement pour les courses (il ne s'agit pas de corridas !). Cette race de taureaux appelée Camargue est encore considérée comme sauvage. g) Chaque année, des férias sont organisées dans la ville d'Arles et aux Saintes-Maries-de-la-Mer. Les courses camarguaises ne sont pas des corridas. Les participants (appelés « raseteurs ») affrontent les taureaux camarguais en essayant d'attraper la cocarde placée sur le front du taureau.

2. Solutions individuelles

KV 17 : L'écotourisme

1. Solutions individuelles

2. Solutions individuelles

V. TRADITIONS ET FESTIVITÉS

KV 18 : Noël en Provence

1. 1. La Foire aux Santons ; 2. L'Avent ;
3. La Sainte-Barbe ; 4. La Sainte-Luce ;
5. La messe de minuit ; 6. La Saint-Sylvestre ;
7. L'Épiphanie ; 8. La Chandeleur.

2. Solutions individuelles

3. Solutions individuelles. Par exemple: a) La crèche se fait avec des santons en Provence. Ce sont des figurines de terre cuite qui portent des costumes provençaux. Dans la crèche, il y a Marie, Josef, l'âne et le bœuf et le petit Jésus qui est rajouté le 25 décembre. Tout un village provençal est représenté avec ses corps de métiers. b) Dans une crèche, on retrouve les quatre éléments : la terre représentée par de la mousse ou une colline, l'eau représentée par un ruisseau, l'air par un moulin et le feu par un feu de camp ou une bougie. c) On peut ouvrir les cadeaux le matin du 25 décembre. C'est le Père Noël qui les apporte. d) La rose de Jéricho se met sur la table dans une petite assiette d'eau. Elle est différente des roses de jardin parce qu'il s'agit d'une rose du désert sèche qui s'ouvre au contact de l'eau. e) En Provence, on met trois nappes blanches de tailles différentes l'une sur l'autre (en commençant par la plus grande). On décore avec les trois petites assiettes de blé ou de lentilles. On met la table pour une personne de plus, c'est la place du « pauvre ». f) Le Gros Souper, c'est le repas du 24 décembre / le réveillon du 24 décembre. g) Le « cacho fio » est un tronc d'arbre fruitier qu'on mettait au feu la nuit de Noël autrefois en Provence. h) Le treizième dessert est le même dans toute la Provence, il s'agit de la pompe à huile.

4. Solutions individuelles

KV 19 : Les festivités et les festivals

1. Solutions individuelles

2. Solutions individuelles

3. Solutions individuelles

KV 20 : Quiz

1. la pétanque ; 2. la bouillabaisse ; 3. le riz ;
4. jaune et rouge ; 5. des boules en métal ;
6. la fête du Citron ; 7. 13 ; 8. l'huile d'olive ;
9. la féria ; 10. à Cannes ; 11. trois